« Il y a quelque chose de plus fort que la mort : c'est la présence des absents dans la mémoire des vivants »

Jean d'Ormesson

Sylvie TOUAM

A mon père…

BoD 12/14, rond-point des Champs Elysées, 75 008 Paris, France

© Juillet 2019 Sylvie Touam
ISBN : 9782322123636
Editeur : BoD – Books on Demand-
12/14, rond-point des Champs Elysées, 75 008 Paris, France
Impression : BoD – Books on Demand, Allemagne

DIES IRAE....

« Le ***Dies iræ*** (« Jour de colère » en latin), aussi appelé ***Prose des Morts***, est une séquence (ou prose) médiévale chantée, adoptant la forme d'une hymne liturgique. L'inspiration du poème est partiellement apocalyptique. Les prémices de cette séquence sont apparues dès le début du XIe siècle, la version actuelle datant du XIIIe siècle. C'est à cette époque et sous cet aspect qu'elle a été intégrée au corpus grégorien. Le *Dies iræ* a ensuite été chanté pendant des siècles dans la messe de *Requiem* »

(source : Wikipedia)

Ce recueil de poèmes n'est absolument pas un ouvrage écrit « à la mémoire de ». Un bel hommage a été rendu à la mort de mon père et il me semblerait inutile d'y rajouter ces lignes pour relater ce qui n'est plus.

C'est une sélection de poèmes que j'ai écrits au jour le jour de notre histoire, alors qu'il était bien vivant, puis j'en ai joints quelques autres seulement, jusqu'au premier Noël sans lui.

Je suis remontée dans le temps jusqu'à ses trois dernières années de vie, c'est-à-dire jusqu'à la date de son accident, tragique mutilation pour le corps mais aussi pour l'esprit qui dut apprendre à habiter ce nouveau corps, et l'entourage à l'apprivoiser.
Ses trois années de combat contre le handicap et la maladie ont nécessairement et profondément transformé notre manière à tous de penser cette vie qu'il aimait tant.

Et tout cela ne serait pas aujourd'hui à hauteur de mots si la poésie n'avait pu me permettre à certains moments de m'en échapper pour mieux le ressentir.

Ce sont ces poèmes-là,
A mon père…

Sylvie TOUAM

200 000 mots dans la langue française…

Mais pas un seul pour extraire au silence
Le sanglot sans voix d'un souffle empalé
Sur le pilori de l'invraisemblance
Grincement d'un corps un pleur décalé

Pas un seul non plus pour dire l'ignoble
Le pire du pire est comme un ragot
Que tout bien-pensant respectable et noble
Ne peut écouter dans un vil argot

Pas un seul mot pour balader la plume
Sur l'ourlet de l'âme au refus du jour
Quand tout se referme en nœud d'amertume
Même le verbe est privé de séjour

J'ignore le mot qui saurait me dire
L'écho glacial me fige de froid
Deux cent mille mots pour un seul ouï-dire
Léger borborygme où l'abîme est roi

Pourquoi refuser qu'il soit indicible
Un pantin cassé ne peut discourir
Il panse les plaies du mot inaudible
Même l'oiseau se cache pour mourir…

Si l'on savait…

On quitte sa maison
On quitte la saison
Sans regarder derrière
Sans même une prière
Car la vie est un dû
Un retour attendu
Vers l'éternel mirage
Qui tient lieu de passage…

… Mais parfois le voyage
Devient chemin d'outrage
Un serment distendu
Sur un malentendu
Quand sur l'onde charnière
Qui frôle la lisière
D'une autre lunaison
On quitte sa maison…

Accident de la vie…

Tout accident est stupide
Alors l'esprit tourne en rond
A comprendre la raison
Que l'absurdité préside

Il ne sera qu'hématome
A se molester ainsi
Contre l'abîme épaissi
De ce fatal axiome

Il n'est pas assez lucide
Ou peut-être trop aimant
Pour se soumettre vraiment
A cette fable perfide

Et la révolte l'apaise
Ce sentiment insolent
De contrôler un semblant
De ruade à son malaise

Mais aux tréfonds de lui-même
Ce n'est que dégrisement
La vie est ce gisement
Où s'esquisse l'anathème

Un choc entre deux gamètes
Pour quelle prédiction
Pour quelle insurrection
C'est la valse des comètes

…/…

Un accident immuable
Qui s'exempte de raison
Une acuité frisson
Vers un final impensable

« 6ème sens »*...

Quel vilain sentiment
Que celui qui provoque
Un regard de pitié
Diffamant tout entier
La Beauté que disloque
Cet émoi déformant

La pitié du trop riche
Celle du bien portant
Qui veut payer ses dettes
S'acquittant de sornettes
Dans ce pleur avortant
Sa charité pastiche

Le vivant esquinté
S'abreuve de l'envie
Il n'est pas dénuement
Mais juste éperdument
Amoureux de la vie
Dans sa fragilité

Quelle fausse tendresse
Qu'un regard de pitié
Cruauté d'arrogance
Qui salit sa souffrance
D'un style châtié
Pour se faire noblesse

.../...

Quel écho détestable
Pour celui qui reçoit
Ce reflet de misère
Sentence messagère
Du néant qu'il perçoit
De son intime fable

Et pour autant le voir
Bousculant les idées
Le courage inversé
D'un destin transpercé
Les vrais liens des cordées
Juste un regard d'espoir...

* « Bien au-delà de la volonté, plus fort que tout sans restriction,
Ce 6ème sens qui apparaît, c'est simplement l'envie de vivre »
Grand Corps Malade (6ème sens)

Toutes ces dernières fois…

Toutes ces dernières fois
Où le silence sournois
S'enracine dans la chute
Pour conduire aux désarrois
L'éternel que l'on ampute
Dans l'abime qui débute

Et le désir innocent
N'est même pas réticent
A nier la certitude
D'un automne sous-jacent
Quand l'été n'est que prélude
De la sève qui s'exsude

Car la vie est bien souvent
Pied de nez à l'achevant
Un semblant de permanence
Qui possède le vivant
Le défend d'une évidence
Dans sa douce connivence

Toutes ces dernières fois
Qui se vivent sans émois
Quand on est si loin de croire
Que le jour est aux abois
Qu'il sera bientôt mémoire
Et que tout est illusoire

…/…

Le destin est couperet
Le chagrin se fait décret
De l'acide sur les plaies
Qui ravive sans arrêt
Le regret des heures vraies
A l'ombre des roseraies

« Tout est UN… »

Avoir donné son sang
Et sa force tranquille
Sans nul autre mobile
Qu'un désir frémissant

Pour partager la vie
Pour servir un crédo
Gratuité d'un cadeau
Dans l'élan qui convie

Jamais sous-entendu
Que ce don de soi-même
Qui semblait si bohème
Allait être rendu…

Mais lié par la sève
De notre humanité
Tout legs est vanité
Quand la coupe s'élève

Avoir reçu du sang
Pour nourrir d'espérance
Un souffle d'existence
Par des dons s'enlaçant

Tendresse d'anonymes
Plus forte que la mort
Leurs ferveurs en renfort
Sont des présents sublimes

Inappétence…

C'est vraiment trop injuste…
Le taillis d'un arbuste
Qui moisit sous le sol
Comme un tapis vétuste
Où s'écrase en plein vol
Le chant d'un rossignol…

C'est vraiment trop sinistre
La mort qui s'administre
D'un seul coup de greffoir
Quand le sort enregistre
L'écho du désespoir
En Voix off d'un miroir…

C'est vraiment trop morose
Ce demain qui repose
Aux confins du tourment
Une chiffe ecchymose
Une chair tremblement
Au seuil du dénuement…

Et le trop plein tournoie
Vertige en drap de soie
Qui revêt le vivant
Sur le pleur qui le noie
Dans le sable mouvant
D'un serment s'achevant….

Dans le creux de l'essence vitale...

Les copains d'infortune
Ont leur propre parler
Leur propre clair de lune
Sous un soleil gelé

Un névé de silence
Semble les enrober
Mais ce n'est que décence
Pour ne pas s'exhiber

Car l'oiseau dans l'orage
S'élève bien plus haut
Que le froid qui fait rage
Pour saisir le ressaut

A l'écart de la houle
Comme lui goéland
Ils délaissent la foule
Pour prendre leur élan

Ils ne sont pas misère
Juste un peu différents
L'écho d'une chimère
Aux vents incohérents

Ils n'ont pas la même île
Ni le même horizon
Mais leur force fragile
Réchauffe la saison

.../...

Les copains d'infortune
Se tiennent par la main
Liés à l'heure brune
Ils parlent de demain….

Solitude...

On ne saura jamais
Ce que ressent le frère
Ce que ressent le père
On ne saura jamais
Se fondre en ceux qu'on aime
S'abandonner soi-même

Tout n'est que mouvement
Sur le flux d'un passage
Que l'amour envisage
Le tendre attachement
D'âmes sœurs en osmose
N'en est qu'aurore éclose

Car au profond de soi
On est l'unique essence
De sa propre évidence
Et l'Idée est la foi
Du miroir invisible
De notre inaccessible...

Assentiment...

Puisqu'on ne peut pas
Refaire l'histoire
Briser le ciboire
Des instants trépas

Puisqu'elle est écrite
Et qu'on ne peut plus
Des jours révolus
La rendre proscrite

Il faut bien signer
Chaque volte-face
D'un destin vorace
Sans s'en indigner

Faire route ensemble
Drames et bonheurs
Proches promeneurs
Bien plus qu'il ne semble

Et puis consentir
Dans un seul baptême
Loin de l'anathème
A s'en revêtir...

Reconstruire autour du vide…

Le drame conduit vers le mortifère
Nous pouvons tous en perdre la raison
Le sens arraché du feu qui préfère
Dévaster l'étant sur la pendaison
De l'être et du temps quand le mal profère.

Nous pouvons tous en perdre la raison
Se couper de soi pour ne pas s'inclure
Dans le mimesis de l'effeuillaison
Et coupant ce lien devenir doublure
Sur la scène d'un soir en flottaison.

Se couper de soi pour ne pas s'inclure
Dans le processus de sa propre fin
Et s'innocenter de la barbelure
Qui met en lambeaux le miroir sans tain
Où se désagrège une âme brûlure

Dans le processus de sa propre fin
Le drame conduit vers le mortifère
Il faut reconstruire au bord du chemin
Tout autour du vide est l'étrange sphère
D'un futur flottant d'un sens pour demain…

<u>Un accident…</u>

Une seconde extraite au temps
Un intervalle
Un contre temps

Comme un hasard qui nous installe
Dans l'existant
D'une cabale

Le canular est consentant
Temps d'une escale
Qu'un court instant

Et tout bascule elle est fatale
Nous transportant
Dans sa spirale

Un éboulis déchiquetant
L'aube vitale
En l'écrêtant

Qui deviendra pierre tombale
Extraite au temps
Qu'un intervalle…

Faire un pas à la fois…

La vie est bien un peu
Une affaire de chance
Pour les uns le ciel bleu
Pour d'autres la souffrance
On ne partage pas
Tous le même repas

Pour les uns la tendresse
Pour d'autres la froideur
L'étoile le confesse
En dosant sa lueur
Elle est bonne ou mauvaise
Et ce qu'à Dieu ne plaise

Le sentiment du tort
Rend trop vite coupable
La victime du sort
Son remords est palpable
Réponse à son «péché»
Un blâme encore prêché

Rien de ce qui n'arrive
N'est pourtant châtiment
Je hais cette dérive
J'ai du ressentiment
Contre ces voleurs d'âmes
Aux jugements infâmes

Le mal est impromptu
Un drame un accident
C'est pas une vertu
Un choc coïncidant
Avec une existence
Parfois dès la naissance

Reste le sentiment
D'une grande injustice
Quel est le sacrement
Qui bénit le solstice
L'équité de la nuit
Dans le jour qui s'ensuit

L'amour pourrait-il être
Pour l'enfant l'avenir
S'il ne l'a pas vu naître
Instinct sans souvenir
Et pourrait-il revivre
Dans un matin de givre

L'existence ne peut
Comme ça se réduire
Au débat d'un grand vœu
Car on ne peut déduire
Tout ce qui nous attend
D'un serment si changeant

Une affaire de chance
Faire un pas à la fois
Sans perdre confiance
A l'ombre des sous-bois
Pas perdre l'équilibre
Et toujours rester libre…

Toucher jusqu'aux blessures....

On peut toucher bien sûr
L'esprit d'un invalide
Lorsque l'amour est pur
Suffisamment solide
Pour lier bien plus dur

Faire naître la force
De déshabituer
La sève de l'écorce
Et lui restituer
Le bourgeon qui s'amorce

Se deviner si près
L'image est un prétexte
Qu'une parade exprès
Pour créer le contexte
D'un accessible après

Bien sûr que la tendresse
Se touche au cœur à cœur
Que l'âme se caresse
Que l'amour est vainqueur
Sans peur de maladresse

Mais toucher jusqu'au corps
Toucher jusqu'aux blessures
Demande des efforts
C'est souffrir des fissures
Au-delà des rebords

.../...

Pour d'autres cicatrices
Osmose dans les chairs
Des croix profanatrices
Qui lient les êtres chers
Larmes libératrices…

Etonnant garde-corps…

L'immense difficulté que doit avoir la psyché
A se reconnaître dans l'écho d'un corps amoché
La libère du réel pour récupérer l'image
Dans le mythe d'elle-même avant l'odieux naufrage

S'effeuiller d'un bout de soi c'est mourir en spectateur
Démente crémation dans un feu dévorateur
Où se savoir consumé n'est pas un schéma pensable
Même privé de sa chair l'être est un tout insécable

C'est l'étonnante aptitude aveu des accidentés
Qui ne peuvent rêver d'eux en miroirs réajustés
Le corps est toujours indemne et sa réplique intégrale
Dans la semblance onirique il n'est pas d'absence égale…

Pour se reconstruire...

Il faut parfois savoir regarder en arrière
Pour s'apercevoir du chemin fait vers l'avant
Un pas si dérisoire est comme une prière
Qui parraine la vie en son sable mouvant

L'impatience est grande à vouloir l'impossible
Oubliant que l'hier est bien proche voisin
Dans un temps décharné par l'oracle inaudible
D'un opprobre arbitraire où résonne un tocsin

Et par le soupirail qui balaye la cave
D'une lumière grise on discerne le seuil
De la première marche où là comme un esclave
L'instant tout enchaîné dût commencer son deuil...

...

Il faut parfois savoir regarder en arrière
Et se réconforter du trajet parcouru
Un espace ébauché vers un rai de lumière
Qui réfléchit l'éclat d'un serment secouru

Ressources insoupçonnées…

Comme une idée en friche un espace en jachère
Le « possible » inhibé d'un horizon voilé
Devient très vite inculte et toute heure étant chère
Il est abandonné sans le moindre tollé

C'est ainsi qu'au final dans cet immobilisme
Toute notre aptitude à nous épanouir
Doucement s'atrophie et c'est le fatalisme
Qui régit le désir pouvant là l'enfouir

La sève s'ankylose à ne pouvoir se dire
Le regard réducteur les milliers d'interdits
Et l'on s'en habitue il ne faudrait médire
Un asservissement de par nos discrédits

Mais un jour une épreuve ou même une rencontre
Vont lever la censure et vont nous révéler
L'absent qui nous habite un versant qui se montre
Dont nous ignorions le souffle camouflé

On n'aurait jamais cru savoir prendre le risque
D'un peu de lâcher prise et de voir chavirer
Toutes nos inerties sans que le jour confisque
Un peu de certitude et nous fasse pleurer

C'est la grande leçon de ces forces nouvelles
Sur nos champs de ruine où s'effondre le sort
Le pouvoir de la vie à braver les séquelles
Qui soudain fait perler l'incroyable ressort…

Dans l'avant-goût du vacarme...

Les mots que je pressens
Me parlent des accents
De ces silences vides
Des mots évanescents
Sur des verbes arides
Aux effluves humides

Dans le souffle du vent
Le murmure rivant
La plainte des archanges
Au sanglot du vivant
Sur mes lèvres s'effrange
En filigrane étrange

Un étonnant accord
Quand l'écho se distord
Entre ces deux phonèmes
Sur l'emphase du sort
Qui se rit des blasphèmes
En mimiques bohèmes

Les mots que je pressens
Me parlent des accents
De ces silences vides
Des mots évanescents
Sur des verbes arides
Aux effluves humides

Dernier acte de l'être...

A quel moment perd-on contrôle sur sa vie
Quand la fatalité remplace l'action
La nécessité prend le dessus de l'envie
La servitude alors devient seule option...

On se vide de soi c'est la lente agonie
D'un discours receleur pour livrer l'idéel
Au serment déloyal de la cacophonie
Qui rejette l'écho sur le mur du réel

Les êtres déclinants doucement le perçoivent
Cédant à leur bon sens ce qui semblait un choix
Quand la rugosité des soufflets qu'ils reçoivent
Conduit sans charité vers le joug de la croix

Ils figurent ici la place est pathétique
Bien loin de celle qu'ils pouvaient imaginer
Quand ils pensaient demain qu'ils foulaient sans panique
A travers leurs projets d'un pas déterminé

Quand la lucidité règle la rêverie
C'est la mise au point qui tourmente la raison
A quel moment perd-on contrôle sur sa vie
Quand la fatalité remplace l'action...

...

Un élégant destin que celui qui décrète
L'équilibre du sens entre son oraison
Et la sommation sa grâce est désuète
Le dernier acte tient le temps d'une saison

.../...

A quel moment perd-on contrôle sur sa vie
C'est le questionnement qui guide le mouvant
La nécessité prend le dessus de l'envie
A force d'arrogance elle enjoint le vivant…

Je retiendrai mon souffle…

Pourquoi faudrait-il croire
Qu'il n'y a pas de fin
Dans ce temps purgatoire
Où l'âme meurt de faim
Dans le creux d'un ciboire

Et pourquoi s'élever
Dans sa propre misère
Puisque chaque lever
Alourdit la paupière
D'un sanglot délavé

Ma bravoure se fige
Dans le vide insolent
D'un déchirant vertige
L'horizon gondolant
A perdu son prestige

Un silence glaçant
Sur le décor des ombres
Le futur s'effaçant
Les rêves sont décombres
Sur des croix s'entassant

Mais si l'aube m'essouffle
Si l'hiver m'appartient
Je retiendrai mon souffle
Pour recueillir le tien
Ton présent s'y camoufle…

A chaque paroi son versant...

Dans ce temps tout à l'étroit
D'un mirage maladroit
L'espérance est déjà morte
Stèle où le vertige est roi
Quand le souffle qui l'exhorte
N'est qu'une illusoire escorte

Et s'enlise l'à part soi
La promesse est feuille-morte
Sur la brèche du pourquoi

Un blues que la nuit colporte
Et la mort prête main forte
La langueur du désarroi
Quand la destinée avorte
Du requiem d'un envoi
Est brouillard que l'on perçoit

Dans le soupir du qu'importe
L'insondable de l'émoi
Que le souvenir rapporte...

Que la mémoire me soit
Cet ultime passe-droit
S'il me faut fermer la porte
Peu m'importera la loi
Un serment qui réconforte
Tout ce que la vie emporte...

Si la pensée imagine la vie…

Qu'est-ce que ressentir
Au regard des étoiles
Un instant pour bâtir
Un instant pour partir
Pour signaler ses voiles
Ou pour s'en dévêtir

Juste une particule
Qui ne changera rien
Au destin qui bascule
Quand se désarticule
Le rêve épicurien
D'un plaisir qui calcule

Et la capacité
Qu'a l'incident minime
Tout à coup d'agiter
Et faire transiter
Le courant légitime
D'un oracle édité

Ce n'est que jeu du songe
Un frisson d'univers
Sur l'astre du mensonge
Que le trouble prolonge
Sur l'endroit des envers
Dès que le soir s'allonge

…/…

Et la finalité
Des dogmes qui sont nôtres
N'est que duplicité
D'une irréalité
« Ca n'arrive qu'aux autres »
Est vaine vanité…

De ce qui a existé…

Sur le point du non-retour
Ma mémoire tambourine
A grands coups dans ma poitrine
Un remous au contre-jour
Et demain devient vitrine
Que l'évidence burine
D'une lame sans détour

Quand l'avant est à la traîne
Et que l'infini prend fin
Sur l'empreinte d'un couffin
C'est la vie en quarantaine
Songe d'un miroir sans tain
Quand il piège le matin
Que le crépuscule draine

Comme l'écho dans le vent
Que le silence protège
En l'enveloppant de neige
La saison va s'achevant
Et dépouille le cortège
Qui riait sur le manège
Dans l'ivresse du vivant

Ma mémoire tambourine
Sur ce point du non-retour
A grands coups dans ma poitrine
Et demain devient vitrine
D'un semblant d'arrière-cour
Un décor pour figurine
Où s'ébat l'âme chagrine

Juste le temps d'une saison…

Dans la maison des jours heureux
De ces bonheurs vécus ensemble
Des souvenirs qui là rassemblent
Berçant l'Instant des vents nombreux

Dans la maison des jours fragiles
Les clairs obscurs sont filandreux
Tissant les liens créant en creux
Une existence îlot d'argiles

Dans la maison des jours promis
Point de réponses, point d'Evangiles,
Juste un serment, pactes agiles,
Pour féconder tous les semis

Dans la maison de mon enfance
Des mots reçus, des mots remis
A l'horizon même insoumis
D'un seul baptême : Evanescence…

Une maison
Une existence
Qu'une insolence
Qu'une saison….

Tristes zombies...

Ces êtres macchabs aux regards cerclés
S'abreuvant de perfs, les vaisseaux raclés,
Contours désossés, craquelures pleines,
Leurs yeux sont noyés d'élixirs giclés
Sournois venins aux fétides haleines
Lorsque le sang gris coule dans leurs veines

Un même convoi
Au bout de l'effroi
La porte du bagne
Où le spectre est roi
La mort est compagne
De ce « qui part gagne »

Et pourtant ils vont squelettes errants
En serrant la main de leurs figurants
Crever leurs abcès sur les barbelures
Eperons sanglants des maux dévorants
Déposer leur transe et leurs bosselures
Pour quelques tenants pour quelques doublures

Car ils sont liés
Tous ces prisonniers
Par les mêmes guides
Fervents équipiers
Des radeaux sordides
Aux serments timides

Certains reviendront des nuits de l'enfer
Sortiront du lot le regard amer
D'autres périront durant le naufrage
Comme un coup de dés comme un bras de fer
Les souffre-douleurs d'un mauvais tirage
Sont toujours au bout bannis du mirage   .../...

Un même convoi
Au bout de l'effroi
Des ombres mouvantes
Où le spectre est roi
Lignes vagissantes
Des foules mutantes

Indian Summer…

Les derniers rayons de soleil
Dans un souffle encore en éveil
Avant le début du grand givre
Avant le temps du grand sommeil
Embrasent le ciel pour survivre
Dans le blues du bleu, qui l'enivre…

C'est l'indian summer du destin
C'est l'été de l'âge au lointain
Qui porte l'écho sur le rêve
De son horizon clandestin
C'est l'été divin de la sève
Temps d'une saison, d'une trêve…

Car le souvenir s'abreuvant
Le jour va quitter le vivant
L'arbre des pleurs est feuille morte
Et le soleil va dérivant
Se fondre au frimas qui l'emporte
Un dernier soupir, puis qu'importe…

Les derniers beaux jours de l'été
Comme un doux serment chuchoté
Avant le début du grand givre
Avant le temps de tout quitter
Embrasent le ciel pour survivre
Dans le blues du bleu, qui m'enivre…

Brèche ouverte….

La peur de voir partir ce « quelqu'un » que l'on aime
C'est déjà se damner dans une assomption
Car on ne peut prévoir ce serait du blasphème
Le calendrier de la séparation

Pour autant c'est certain la mort va donner suite
A son sinistre but elle continuera
De nous séparer là l'équivoque est réduite
A cet ordre inconnu qui nous désavouera

Car si le temps prouvait toutes nos hypothèses
L'anecdote du sens serait un postulat
Principe de raison qui soutiendrait sa thèse
Et l'existence alors oracle d'un prélat

Descente en la douleur de signer la maldonne
De devoir recueillir un bris d'éternité
Offert avec amour sans que le choix pardonne
De ne l'avoir gardé dans la gémellité

La déraison de vivre assigne l'appétence
De désirer bien plus que ce que le destin
Nous accorde en partage et c'est la repentance
Plus pesante est l'épreuve et plus trouble est le tain

Mais ne pas s'attacher pour ne pas le permettre
Ce serait exister que pour ne pas mourir
En sachant que la vie emporte pourtant l'être
Ce « quelqu'un » que l'on aime et qui pourrait partir…

Est-ce un délit de fuite….

On dit communément que c'est lors de l'épreuve
Qu'enfin l'on reconnaît qui sont les vrais amis
Quelques doigts de la main d'une misère neuve
Qui sauront nous cueillir dans nos matins démis

Car lorsque tout va bien notre bonheur attire
Peut-être un jour de chance est communicatif
Les copains sont nombreux ils savent nous le dire
En flirtant le filon d'un tonus positif

Pour un peu que la vie ait été généreuse
On prend pour établi cet appui rassurant
Car l'assiduité d'une bande joyeuse
Semble acquise à jamais nul n'en est ignorant

….

Mais soudain le vent tourne…et survient la tempête
Sur une mer sans vague un tragique revers
Un brutal tsunami la sombre silhouette
Qui va s'en extraire est native des hivers

Et que deviendront-ils les compagnons d'ivresse
Sauront-ils partager ce manteau de douleur
Envers et contre tout soudés dans la détresse
Ou bien trop mal à l'aise ils fuiront la pâleur

Certains diront bientôt qu'ils n'ont pas l'éloquence
Comme s'il s'agissait de faire des discours
D'autres excuseront leur manque de présence
Par un emploi du temps rapide au compte-tours

Et petit à petit chacun se désengage
Comme si le malheur était contagieux
C'est la désertion dans le creux du voyage
Et cet amer constat n'est pas élogieux

La famille de cœur surmonte l'infortune
Elle reste fidèle et ne fait pas de bruit
Pour elle rien ne change et de chimère aucune
Mais l'abandon des uns malgré tout déconstruit

….

C'est un triste abandon ce trop de solitude
Qui condamne à nouveau le sort du naufragé
Perdu dans le brouillard de cette multitude
Qui mutile l'espoir d'un présent partagé

Aller vers le silence…

Lorsque la vie un jour étrangle la parole
Aspire d'un seul jet l'éloquence des mots
Capable d'engloutir le serment qui console
Elle évide l'abîme en flottements sismaux

Tels des sables mouvants qui s'imprègnent de l'homme
Ils gondolent l'espace où chancèle le pas
Le silence est avide et béant il consomme
Multitude d'aveux les menant au trépas

Le chaos qui s'installe est-il rien qu'aphasie
Ou est-ce incohérence au sein de l'entre-temps
Sommeil de l'angélus comme une euthanasie
Ou bien les contresens sont-ils préexistants

Car si la mort était comme l'appel du sable
Un aven sulfureux capable d'absorber
Alors elle serait vivante et donc palpable
La raison décousue est un leurre enrobé

Lorsque la vie un jour étrangle la parole
Aspire d'un seul jet l'éloquence des mots
La quête du parlant comme une parabole
Paraphrase l'écho de ces puits baptismaux…

Derrière la porte….

Il faut pousser la porte
Pour concevoir l'envers
D'un jour qui se déporte
Vers la nuit des hivers

Car il est impensable
Ce décor insensé
L'image irrévocable
D'un chaos cadencé

Lorsque l'on sait qu'ensuite
Ayant passé le seuil
Il ne sera de fuite
Il faut faire le deuil

Il est de ces issues
Qu'il faut bien affronter
Des épreuves sangsues
Qu'il faut bien surmonter

Et pousser cette porte
Pour attester l'horreur
Que la rumeur colporte
Dans un vent de fureur

Dépasser cette porte
Constater de visu
Ce que la vie emporte
Dans un flot décousu

C'est une expérience
Dont on ne revient pas
Ou du moins en silence
Silence des trépas…

Apprivoiser l'image….

On ne peut pas cacher l'altérité du corps
Surtout quand celui-ci bien malgré lui provoque
Des regards indiscrets sous-entendant les torts
D'une anormalité par l'effroi qu'il évoque

Le handicap fait peur car il est ce miroir
De l'imperfection de notre insuffisance
Et ce reflet marqué que l'autre donne à voir
Ravive la douleur de la ressouvenance

C'est notre ressemblance avec l'être cassé
Qu'au final nous craignons encore bien davantage
Que notre différence un physique enlacé
Au spectre d'un chaos qui force le passage

Le handicap oblige à penser autrement
A repenser la vie à repenser un père
Une figure possible ontologiquement
A notre identité capital éphémère

Et la dualité des corps et des esprits
Si souvent défendue innove intensément
Une toute autre éthique un regard réappris
Repenser jusqu'à l'homme et démesurément

Car si l'on peut briser la chair et la meurtrir
On ne peut pas scinder l'âme qu'elle protège
Elle est certes blessée on l'a tant fait souffrir
Mais elle est entière et sa beauté l'allège

…/…

Le handicap oblige à penser autrement
A repenser la vie à repenser un père
Sentiment d'exister sur un rapprochement
Des souffles imbriqués dans l'amour qui s'espère

Car si l'on peut briser la chair et la meurtrir
On ne peut pas scinder l'âme qu'elle protège
C'est un tout qui nous a guidés vers l'avenir
On le ressent toujours dans l'intime cortège…

Encore un peu de temps…

Obtenir un sursis c'est toujours un espoir
Quand on est prisonniers retenus dans la toile
D'un fragile destin pris dans son entonnoir
Où le temps le desquame en esquille d'étoile

Ici l'évènement qu'on ne veut pas rater
Une fête une joie inscrites au programme
Depuis longtemps déjà le cœur l'a composté
Il faudra bien le vivre et qu'importe le blâme

Et l'on se dit alors qu'ensuite on verra bien
Car déjà cette grâce est là si consentante
Une trêve accordée on le sait oh combien
Dont la valeur présage une brèche latente

Car au fond que devient ce consensus nommé
Un pacte mensonger avec la destinée
A peine le présent se trouve consommé
Que naît une autre envie aussitôt dessinée

On en veut toujours plus c'est la loi du vivant
Jamais rassasiés de cette faim vitale
Qu'est celle d'exister quand l'amour se lovant
Au cœur de son Crédo la promesse est fœtale

Encore juste un sursis se surprendre à passer
Un contrat de survie avec quel alchimiste
Se damner dans un pleur pour pouvoir embrasser
Encore un peu de temps sur celui qui subsiste…

Vers quel amour s'abandonner….

Si le diable existait jusqu'où j'irais céder
Me damner pour un vœu qui n'est que rebuffade
A la fatalité qui vient là m'obséder
De sa réalité sous un azur maussade

Marchander avec lui pourquoi pas avec Dieu
Faire ceci cela pour un vil privilège
Obtenir de fuir extorquer un non-lieu
Pour échapper au sort qui tous nous désagrège

Triste religion qu'est celle du refus
D'accepter d'accueillir notre principe même
D'existant éphémère en proie aux vains raffuts
Du rêve et du tourment qui scellent l'anathème

Prétexte de l'amour qui répondrait ainsi
A ce désir si fort d'éterniser la vie
Celle d'un être proche et donc la mienne aussi
Quand d'un banquet la table est déjà desservie

Presque noble prétexte et mon remords moins gris
Me permet ce crochet par un peu d'indécence
Songer à trafiquer mes serments en grigris
Pour tordre le destin pour contrer l'évidence

Presque noble prétexte et le fuyant plus grand
Comme si le Cadeau dont je ne suis pas digne
N'était en fait que dette et le blues déflagrant
Entre ces deux écarts de son pleur m'égratigne….

De la même manière...

Peut-on faire mourir déposer un suaire
Sur ce qu'on a vécu comme un morceau de soi
Vouloir s'en détacher d'un oubli mortuaire
Pour croire au lendemain devenu trop étroit

S'abandonner soi-même au bord de la mémoire
Pour repartir tout autre et peut-être allégé
En faisant table rase en quittant son histoire
Souvent pour abolir un mental assiégé

Ce serait comme croire en demeurant valide
Pouvoir se dispenser d'un membre de son corps
En réfutant le vide aller comme un bolide
Imaginant possible une force au-dehors

L'intégrité physique est comme une évidence
La perdre pour toujours demeure déchirant
Et l'on conviendra tous qu'il n'est de transcendance
A se concevoir sans ce serait aberrant

Alors pourquoi s'attendre à pouvoir se soustraire
A cette complétude en pensant son esprit
Rejeter sa substance en prétendant l'abstraire
De tout son existant de ce qui l'a pétri ...

L'intime vérité...

On dit « le moindre mal » s'accommoder de lui
Pour éloigner le pire ou du moins le suspendre
Le temps d'une imposture où le mensonge luit
En pseudo-charité que l'on voudrait défendre

Car il est du vivant que de savoir mentir
Afin de soutenir une cause morale
Voiler la vérité pour pouvoir secourir
C'est là le sens commun d'une intime spirale

On dit « le moindre mal » mais peut-on s'en servir
Pour éloigner le pire ou du moins le suspendre
Si par son alibi le mal peut assouvir
Un noble engagement l'on ne peut s'en éprendre

Sa force douloureuse en est bien l'abandon
La plus silencieuse et la plus malfaisante
Finalement trahi par la défeuillaison
Le regard est poreux l'affection gisante

On dit « le moindre mal » mais il nous fait mourir
La pseudo-charité que l'on voulait défendre
Nous condamne au secret de ne pouvoir chérir
L'intime vérité de l'éclat de la cendre...

Concerto pour une étoile…

On ne saura jamais ce qu'on aurait pu vivre
Tout se fixe si vite et l'instant décisif
N'est qu'une goutte d'eau surprise par le givre
Qui fera déferler l'obsédant récital

Récital du regret récital du « que fais-je »
Il faut se prononcer parfois là miser gros
Sans toujours pénétrer les règles du solfège
Qui donneraient le La sur tous nos allégros

On sait ce que l'on vit c'est la seule parole
Que l'on peut entonner au moment de choisir
Le sort soumet son pacte et comme un protocole
Il attend signature et tourmente à loisir

On ne saura jamais ce qu'on aurait pu vivre
Si l'on avait chanté différemment les dés
Il faut donc l'oublier puisque rien ne délivre
L'accord dissimulé des hasards décidés

Et louer ce présent revêtu d'espérance
Sur une étoile bleue enfantant la grandeur
Du spleen qui poétise au creux de notre errance
La sève du couchant son intime splendeur…

Si près de la tendresse...

Qui peut saisir l'intime est forcément lié
Dans l'affectivité qui décrypte l'image
Il sait l'apercevoir jusqu'à la déplier
Même s'en imprégner au-delà du grimage

Au milieu d'inconnus cela n'existe plus
Même tout près de nous ils ne peuvent surprendre
Ainsi l'intimité ses abords farfelus
Reste bien insondable et ne peut se distendre

La force de l'osmose et le regard offert
A tous ceux que l'on aime éludent ce silence
Dans la complicité d'un étrange transfert
Où chacun devient l'autre et perce l'évidence

C'est l'âme mise à nu qui pour autant voudrait
Ici pour protéger ici pour se défendre
Ne pas donner à voir ce qui se répandrait
D'une confession qu'elle ne veut étendre

Que ceux que l'on chérit puissent lire les maux
Dont ils furent miroirs alors qu'ils sont avides
De nous offrir la joie altère les émaux
De cette connivence et nous rendent livides

Ainsi c'est par amour que l'on peut s'habiller
De ce cache-misère analogue au scaphandre
Qui musèle le son sans le faire scintiller
Au cœur des tourbillons écumants de leur cendre

Exquise intimité quand dans l'anonymat
Où même dénudés nous gardons ta justesse
Puisses-tu tout autant te soustraire au trauma
De trop de vérité si près de la tendresse...

L'être par l'attribut…

Assujettir un être à sa condition
C'est toujours le priver de sa magnificence
Le caricaturer sans l'intuition
D'entrevoir au-delà l'éclat de son essence

Réduire l'invalide à son seul handicap
Confondre le malade avec sa maladie
Habiller le captif ainsi de pied en cap
Et perdre l'immanent quand l'image irradie

Il est de ces chaos qui grisent la couleur
Défalquant l'invisible et murant l'apparence
Etriquant l'existence en cliché harceleur
Décorum d'un label en feinte transparence

Ainsi rebaptisé par la morbidité
D'une cause extérieure on condamne un sourire
A n'être qu'un concept presque commandité
Pour incarner le tort d'un réel à proscrire…

Dans les racines de demain...

Je suis comme l'esprit d'une histoire annoncée
Me frayant un chemin parmi les apparats
Que l'espace a brûlés c'est la scène effacée
Qui diffère le temps vers ses revers ingrats

Ce curieux avant-goût d'une braise étouffée
Qui n'échappera pas au présage accompli
C'est un peu cet effet d'une vive bouffée
Qui ranime le feu dormant dans le repli

On ne peut se soustraire à l'intime contrée
On ne l'a pas franchie elle nous a vrillés
On en revient changés la nuit qui fut montrée
Transforme le réel en beautés maquillées

Un troublant intervalle où la veille animée
Hypnotise la preuve et renvoie au discord
De la mélancolie augurée exhumée
Vers un inconcevable où l'épreuve est renfort

Le flash-back de demain mémoire imaginée
Dans un futur usé n'est pas un demi-deuil
Qui précède la mort celle-ci paginée
Sera toujours nouvelle au-delà de son seuil

Je suis comme l'esprit d'une histoire annoncée
Me frayant un chemin parmi les apparats
D'un prélude achevé quand la vague esquissée
Précipite d'un coup ses demains scélérats...

Espérer vivre...

Une gifle glacée en plein cœur de novembre
Quand le froid s'intronise en despote des lieux
Et le soleil figé que le destin démembre
Soudain mis en charpie est brouillard bilieux

De tous ces faits d'hiver qui viennent interrompre
L'équilibre du temps flagellant le bonheur
D'un présent délateur que l'on voudrait corrompre
Exsudent la disgrâce et la fourbe clameur

C'était déjà demain cette immense imposture
Le soleil et le froid vont-ils coexister
Prendre de la distance est-ce juste immature
Ou le sens d'un exil qu'il faudrait dépister

S'inscrire en aligné sur la fuite de l'astre
Quand de trop ressentir on ne ressent plus rien
L'épreuve et la douceur que le réel encastre
S'abreuvent à l'aura d'un buvard aérien

Une gifle glacée en plein cœur de novembre
Quand le froid s'intronise en despote des lieux
C'est l'envers saisissant du destin qui se cambre
A l'ombre d'une nuit le regard est pluvieux...

La conscience...

C'est comme un tourbillon qui vient tout emporter
Sa force est implacable et nous sommes aphones
Les yeux comme égarés le bon sens déporté
Vertige des brouillards dans la nuit des cyclones

Nous n'avons qu'à poser devant cet horizon
Qui tient du souvenir bien plus que du possible
Prisonniers du destin subissant sa raison
Subitement voués à sa soif irascible

Et nous attendons là tapis dans le secret
Qui se fait garde-corps d'un abîme cynique
Réduits à voir venir le naufrage concret
Pour faire le bilan de ce soir qui panique

Car c'est lorsqu'il s'en va que nous apercevons
Ce qu'il a disloqué quels en sont les dommages
Ce qu'il a préservé ce que nous relevons
Comme après l'ouragan d'étonnantes images

C'est ça la vérité sorte d'acuité
Sur le théâtre humain après une tourmente
Le réel au chevet d'un murmure alité
Tout près de l'alibi que le rêve argumente...

Coupables d'oublier...

Sommes-nous dans l'entrain coupables d'oublier
Quand la légèreté d'un moment de détente
Nous fait perdre de vue un chaos frontalier
Qui nous touche pourtant d'une peine latente

Déserter juste un peu cette réalité
Se dévêtir du noir et se surprendre à rire
S'excluant du chagrin dans la futilité
D'un semblant d'amnésie où l'instant vient s'inscrire

On a tous un présent marqué de souvenirs
Des deuils ou des soucis qui toujours nous habitent
Car ceux que nous aimons privés de devenirs
Nous y sommes liés nos pensées les abritent

Et puis quand tout à coup nous les « abandonnons »
Rien qu'en étant heureux les remords sont sincères
En avons-nous le droit fidèles compagnons
D'un jour à partager jusqu'au bout des misères

Pour soi mais aussi pour ceux qui en ont besoin
C'est bien évidemment qu'il faut nourrir la joie
Et celle d'un sourire elle emmène bien loin
Il n'est plus bel hommage il n'est plus belle voie

Quelle autre récompense on pourrait leur offrir
De ceux déjà partis à ceux qui se fatiguent
Parce que nous aimons nous devons refleurir
Les couloirs de la mort car l'ardeur est prodigue

.../...

Ce n'est pas délaisser encore moins trahir
Ce n'est pas « oublier » que de perdre de vue
Le temps d'une faveur la douleur d'un soupir
Ressentir malgré soi cette ivresse imprévue

Déserter juste un peu cette réalité
Se dévêtir du noir et se surprendre à rire
S'excluant du chagrin dans la futilité
D'un semblant d'amnésie où l'instant vient s'inscrire...

Comme il se présentera....

« Il faut se préparer » c'est une discipline
Que souvent l'on s'impose et l'on assujettit
Le bienfait du présent à cette adrénaline
Qui booste le bien-être au futur investi

Toujours se préparer anticiper la suite
Comme si l'on tenait le sort entre nos mains
Comme si l'on savait l'incidence produite
Par l'instant d'aujourd'hui face à nos lendemains

Et préparer les siens à vivre le présage
Que nous seuls avons fait d'un prétendu parcours
Bien souvent les enfants vivent avant leur âge
Les seuils à découvrir on les trompe de cours

La liste serait longue où ce mot fait surface
Ce sont tous ces émois que l'on veut pré-sentir
Arrimer la psyché sur l'avant de l'espace
Afin qu'elle soit prête et sache s'en sortir

Mais savons-nous déjà quel sera le désordre
Des plus petits paliers aux grands déferlements
Ce qu'on ressentira ce qu'il faudra démordre
De nos émotions et de nos sentiments

Nous sommes suspendus sur les fibres précaires
De notre connaissance et de nos vues d'esprit
« Il faut se préparer » à perdre ces repères
L'instant comme il sera nous ignorons son cri

Il est au cours du temps de ces phases de vie
Qui s'imposent et dont on ne sera pas prêts
Il faut bien consentir dans ce qui nous convie
A ne pas savoir faire et même là tout près…

Quand aimer ne suffit plus...

La force de l'Amour est immensément grande
Elle harmonise tout et rend possible tout
Fredonnant l'espérance à ceux qui la quémandent
Prodiguant sa promesse à toute heure et partout

De combien d'idéaux elle fut quintessence
Divinisée ou non peu m'importe la fin
Elle est l'esprit du bien merveilleuse présence
Qui dépasse l'humain le transcendant enfin

A hauteur du vivant ce sont tous ces miracles
Qui transforment le doute en sentiment de paix
Comme un désir nouveau surmontant les obstacles
Et c'est le fondement des égards des respects

La force de l'Amour est immensément grande
Elle harmonise tout et rend possible tout
Du moins mon Evangile élève ainsi l'offrande
Et ceux que je chéris m'en témoignent surtout

Mais pourtant dans l'épreuve un silence pénètre
Ce "tout" n'est pas assez l'amour ne suffit plus
On ne peut pas donner on ne peut pas permettre
Ce que l'on voudrait tant les projets sont exclus

Ce que notre existant nous autorise à faire
Est de si près soumis à notre état mortel
L'on peut toujours aimer comment s'en satisfaire
L'éclat du dit soleil demeure ici pastel

C'est l'écartèlement qui siège entre la source
D'un sentiment sincère et d'un si peu de poids
Quand s'éteint l'horizon tout au bout de la course
On a beau tout vouloir l'aimé porte sa croix....

Demain n'en rien savoir...

Quand l'atmosphère est lourde étranglant l'embellie
Des fantômes partout aux quatre coins du temps
Visitent les écarts entre l'aube ennoblie
Et le soir profané par les envers flottants

C'est comme un mauvais rêve exploré par ces ombres
Qui surmènent l'esprit qui consument le corps
En faisant du présent qu'un vivant des décombres
Sans aucun autre allant que celui des décors

Demain n'en rien savoir et retenir son souffle
En pensant à la brèche ouverte devant soi
C'est bien sûr oppressant l'horizon se boursoufle
Le futur n'est qu'un vœu l'avenir qu'un émoi

Mais la vie est ainsi parfois loin du mirage
Qui se reflète en rose et pourquoi sangloter
Elle serait un songe et cherchant un passage
On aurait pour instinct de la détricoter

Quand l'atmosphère est lourde étranglant l'embellie
Des fantômes partout aux quatre coins du temps
S'agitent pour construire avant qu'on ne l'oublie
Une mémoire pour les matins consentants

La peur de l'abandon…

Qui pourrait nous apprendre à vivre les départs
Depuis nos tous premiers tourments de solitude
Des blessures de l'âme aux stigmates épars
Qui murmurent encore un vide en hébétude

La peur de l'abandon nous naissons tous avec
Ce sont d'abord les traits un peu flous de la mère
Qui s'éclipsent soudain le décor devient sec
Et déjà tout bébé la détresse est amère

Mais entourés d'amour on apprend à gérer
L'épreuve de l'absence et c'est la confiance
Qui va sous-tendre ici l'esprit transfiguré
De l'être que l'on aime et son omniprésence

La conscience aussi dans le temps du vivant
Car même hors de la vue il est une existence
Le visage revient ce réel émouvant
Révèle à l'éphémère un peu de survivance

Et doués de raison nous expions ainsi
L'angoisse originelle on refoule sans cesse
Notre condition notre chimère aussi
Pour écraser le pleur qui parfois nous oppresse

Mais quand soudain le pire exhume le néant
On redevient naissants les êtres que l'on aime
Nous abandonnent-ils dans un présent béant
C'est l'indicible crainte au seuil d'un matin blême…

Quatre fois vingt ans…

Quand quatre fois vingt ans viennent planter la croix
Du jamais jamais plus c'est comme un tourne-disque
Qui raye le refrain sans restaurer la voix
De la première fois que chaque tour confisque

Comme un mistral perdu rien que les souvenirs
Reviennent en boucle entonner l'existence
Mais jamais le présent n'aura de devenirs
Dans un fac-similé qui ferait émergence

Le temps toujours effrange et les ans sont dissous
Un cycle quatre fois n'a rien d'une réplique
Un adieu puis un autre et glaner des cailloux
Pour revenir chez soi n'est que vaine supplique

L'immuabilité ce n'est que le passé
Ce qu'on lit dans les yeux quand les regards paniquent
C'est l'éternel retour qui là va s'effacer
Avant que ne s'ébauche un oracle cynique

Et pourtant vient le jour de ces quatre-vingts ans
Pourquoi donc ajouter une épreuve à l'épreuve
En simulant encore un semblant de printemps
Qu'il soit juste sourire et que l'amour s'abreuve…

Dernier été…

Que peut-on bien saisir au coucher du soleil
Quand le dernier été consume notre histoire
Qu'il faut se dépouiller d'un amour sans pareil
Comment s'en détacher sans pleurer la mémoire

Le ciel est rougeoyant le précepte est certain
La lumière se voile et le passé s'embrase
Dans quelle immensité le tombeau clandestin
Vient-il se déchirer dans quel berceau d'extase

On n'est pas de ces grands qui savent se donner
Pour la beauté du monde et sublimer l'exemple
On est là tout tremblants tentant de fredonner
Comme un hymne à l'amour au seuil de notre temple

Mais la voix ne peut rien les paroles non plus
L'astre meurt sans miroir pour refléter la flamme
A l'ombre d'elle-même il sait que révolus
Les rayons tariront la romance de l'âme

Que peut-on bien saisir de ce dernier couchant
Comment s'en détacher quand le sens se camoufle
Qu'il vient nous dépouiller de notre intime chant
C'est le dernier été nous en cueillons le souffle…

Impuissance…

Le spectacle effrayant du big bang à venir
Explose l'onirique en fragments d'épouvante
Un branle-bas fatal lynchant le souvenir
Qui pourtant s'époumone à l'aube survivante

Et l'image prend forme au bout d'un cauchemar
Une réalité tout juste projetée
Sur l'écran de la nuit que hante l'avatar
De l'existence même un jour déchiquetée

C'est le compte à rebours un destin qui se perd
Dans la trop vive allure où s'engouffre la tombe
Un vide transpercé la mort à découvert
Et cet éclatement qu'on voit venir en trombe

Car c'est sans garde-fou que viennent s'échouer
Les dernières rumeurs on sait leur prophétie
On ne peut qu'épier sans même déjouer
L'orbite destructrice au loin de l'inertie

….

Et moi je suis ici regardant le chaos
Venir atomiser mon tout premier repère
De ce champ de ruine où partent les échos
Je ne peux retenir le souffle de mon père…

Apaiser les vivants ...

C'est un corps qui se meurt dans un temps obsolète
Le besoin de son âme est d'en faire le deuil
Un pied dans chaque monde et sa raison reflète
Qu'il n'est pas de survie il se dissout au seuil

L'âme comme un murmure effleure l'autre monde
Les vivants sont témoins de cet aboutement
N'est-ce que leur pensée ou la force d'une onde
La mort est-elle ainsi comme un enlacement

C'est le poids effrayant de leur vaine tourmente
Qui se heurte à l'amour qui d'instinct plein de soi
Voudrait annihiler la parole présente
Pour museler l'après qui n'est que désarroi

Car comment pourraient-ils se chérir de la sorte
Deux espaces qui sont par essence distants
Le cristal de la mort que l'anathème emporte
Semble les entailler sillonnant leurs instants

Et pourtant ils sont là témoins de ces deux mondes
De l'étrange rencontre où le corps qui se meurt
Murmure déjà loin ces paroles fécondes
Où l'âme s'abandonne à quelle autre clameur

Est-ce une incohérence est-ce une part de joie
La mémoire des vivants peuplera l'avenir
Seuls importent leurs morts quand leur réel ondoie
Ils partent promener... voir leurs champs reverdir ...

Non moins lumineuse…

Comme un vieux papillon ses ailes se détachent
Ne tiennent qu'à ce fil auquel tant de reflets
Sont ici suspendus et si l'ombre s'y cache
C'est pour chaperonner la beauté des secrets

Car il ne faut pas croire à l'indélicatesse
De la réminiscence un éclat qui se meurt
Dans un temps ralenti protège la justesse
De ce qui l'a brodé bien plus qu'une rumeur

Ses ailes se défont sa beauté qui flageole
C'est comme si le vide imprégnait son vivant
Au point soudain d'en faire un vécu qui désole
Ternissant son histoire un rêve s'achevant

Ses derniers battements bouleversent la vie
La rendent plus brumeuse au soir de son déclin
Elle n'est pas moins belle une lueur d'envie
La prolonge à jamais seul l'instant est venin

Plonger son regard dans sa beauté tremblotante
C'est soudain pénétrer sa propre humanité
L'éphémère éternel d'une grâce flottante
Qui chante l'existence avant de s'effriter…

Aimer l'avoir tressée...

Si l'existence était seulement un « passage »
Intime passerelle entre deux infinis
Il nous faut la tresser comme on tresse un voyage
L'histoire d'une vie et le temps d'un tournis

Passerelle fragile avec ses déchirures
Et ses points de raccords pour la consolider
Elle adhère au destin lui-même en diaprures
Qui tire l'écheveau d'un chemin torsadé

Passerelle miroir où là-bas se reflètent
L'écho de l'origine et son achèvement
Des rêves accomplis une image obsolète
Un rire en résonance et l'ombre d'un tourment

Quelle valeur donner à cette traversée
C'est un si court instant perdu dans l'univers
Ce qu'on peut y tresser la mémoire bercée
Par celle des départs c'est le tain des envers

Si l'existence était seulement ce « passage »
Intime passerelle au seuil entrelacé
Qu'au soir de l'abordage on ait goût du mirage :
Aimer l'avoir tressée et puis là l'embrasser...

Quand le tourment fait rage…

Quand le tourment fait rage au-dessus du vivant
L'Esprit toujours s'affaire à défendre son souffle
Et la raison devient l'unique paravent
Où peut se retrancher le vide qu'il camoufle

Il faut être pensant pour sembler vertueux
Même si dénués de leur force vitale
Les mots sont bien souvent de genre impétueux
L'écho seul en sourdine est peine capitale

Alors pour disposer des secrets désoeuvrés
Pour y mettre à l'abri les silences propices
Dans nos jardins brûlés d'avoir été sevrés
D'une onde salvatrice on construit nos hospices

Car la migration vers les champs irrigués
Leurs parfums inconnus semble plus effrayante
Que le bannissement des espoirs endigués
Sur une terre aride et pourtant larmoyante

Le tourment qui fait rage au-dessus du vivant
Emporte le soupir plus loin que l'espérance
Et la Raison devient l'idéal s'achevant
L'alibi du sublime et son évanescence…

Poèmes écrits après le 25 AOUT 2018 :

Au-delà de la vie de mon père

« La vie est un passage »…

« La vie est un passage » et la mort le délivre
C'est la clé d'une brèche ouverte à la clarté
D'un voile insaisissable où le temps s'en va vivre
Peut-être une autre histoire en intime aparté

L'existence y conduit parfois jusqu'à l'extrême
De sa persévérance au-delà des confins
De sa propre vertu percevant l'anathème
Qui vient l'épiloguer si proche des défunts

C'est l'ouverture sur ce si lointain voyage
Qui seule vient permettre un affranchissement
De ce jour alité déliant son sillage
L'unique guérison comme un enfantement

Le vivant est captif c'est là son préalable
Il ne peut qu'éprouver cette rédemption
En ressentant partir la douleur incurable
D'un proche qu'il aimait, sa libération

Lorsque le jour s'éteint la nuit semble éternelle
Le chagrin est immense au coucher du soleil
Il faut se dire adieu fermer la fontanelle
Qui débutait l'histoire au seuil du grand sommeil….

Ton absence...

Ton absence au présent comme la nostalgie
De ce futur que tu ne partageras pas
Avec nous ton absence à jamais élargie
Au vide en devenir que signe ton trépas

Ton silence répond à nos éphémérides
Une chronologie où les temps suspendus
A la cosmologie ont les rêves arides
Et tous nos arguments sont ici confondus

Et notre spleen jaillit de cette incohérence
C'est le mal d'un pays où tu n'iras jamais
Et le manque précède un écart de carence
Qui pour autant n'aura de terme désormais

C'est cela le néant cet espace sans ligne
Où flotte un temps sans âge un non-être indistinct
Abîme sans retour que le tombeau désigne
Vêtu dans le lambeau d'un décor clandestin

Ton absence au présent comme la nostalgie
De ce futur que tu ne partageras pas
Avec nous une absence où l'on se réfugie
Dans la réalité toujours de ton trépas...

C'est un corps qui s'en va...

Lorsqu'il nous faut quitter la douceur d'être ensemble
L'amour devient défi plus loin que le réel
L'essence d'une grâce où plus rien ne ressemble
Au miroir du bonheur au reflet visuel

C'est un corps qui s'en va mais davantage encore
Un sourire une voix des gestes protecteurs
Un peu comme une preuve où l'étant s'édulcore
La mort vient dérober ces signes émetteurs

L'épreuve de l'absence est incommensurable
Comment le chérir dans un monde où il n'est plus
A-t-il une entité sa chair n'est pas palpable
N'est-il qu'un souvenir chimère d'un surplus

En disloquant le corps c'est l'âme qu'on disloque
Comme l'âme d'un « nous » qui n'a plus de statut
En dehors du passé déjà d'une autre époque
Une belle oraison qui n'est qu'un substitut

Ce « nous » sans avenir ou ce « je » malhabile
A cultiver l'amour sans l'enrichissement
D'une image visible et la perte obnubile
La quête du vivant sans attendrissement

Que ce qui fut vécu prolonge la tendresse
Est vite un alibi pour contrer le néant
Mémoire de l'affect ou présent qui ne cesse
Le mobile est complexe et le deuil désarmant

.../...

Quand tous les « plus jamais » ne sont là que souffrance
Sauront-ils devenir dans ce temps essaimé
De sereins « pour toujours » transcendant cette errance
Sur la foi d'un serment on ne peut désaimer

C'est un corps qui s'en va mais davantage encore
Un sourire une voix des gestes protecteurs
Et l'ombre des cyprès que la brume décore
Drape de son soupir l'infini de nos pleurs…

L'écho De Profundis…

Quel est donc ce tic-tac qui vibre au fond de soi
Alors qu'à la lumière on a vu les aiguilles
Arrêtées pour toujours n'est-ce donc qu'un émoi
Ou bien le mouvement de leurs tendres esquilles

Comme un membre fantôme « existe » dans l'esprit
De l'être mutilé qui le sent se débattre
Comme l'écho d'un son comme l'écho d'un cri
Qui n'en finit jamais le soir auprès de l'âtre

Et comme un tremblement qui reste bien réel
Après le choc passé comme aussi cette extase
Qui grise la raison juste à son seul rappel
D'un tout qui se prolonge émerge une autre phase

Ce sont des ricochets que l'on a dans la peau
Sont-ils là réflectifs ne sont-ils que mémoire
On dit n'être pas fous ce n'est pas du pipeau
Cette perception n'est en rien illusoire

A moins que tous nos sens ne soient de ce reflet
Nous tenant dans l'erreur de l'image de l'être
Tout notre entendement serait le camouflet
De cette émotion qu'il nous faut bien admettre

La pendule s'arrête et le trépas conclut
La fin des battements du cœur quand il s'embrase
Ce tic-tac éthéré que l'intellect exclut
Spiritualité d'un silence qui jase…

Mourir en paix…

Que faut-il donc apprendre à l'ombre du regret
Quand celui qui s'éteint épargne à ceux qu'il aime
L'instant du dernier souffle et décède en secret
Seul à l'aube d'un jour dénouant l'anathème

Mourir à la maison se tenir par la main
Pour se dire au revoir n'est-ce là qu'un fantasme
Spécifique aux vivants qui ne veulent demain
Devoir s'en repentir après l'ultime spasme

Se retirer de tous peut-être par pudeur
C'est là l'intimité de celui qui rend l'âme
Il s'est abandonné loin de toute laideur
L'a t'il ainsi voulu tout l'amour le proclame

Et la raison s'agite à vouloir mettre au clair
Ce qui sera toujours un coin d'ombre à permettre
Qu'il ait pu mourir seul était-ce là l'impair
De toute sa famille ou bien son vouloir être

La culpabilité cherche à donner du poids
Mais l'amour est léger jamais il ne s'impose
La mort offre aux vivants l'arcane des émois
Qui déposent tremblants sur sa tombe une rose…

Déchronologie...

L'immuable retour sur le calendrier
Des fêtes et saisons impose l'échéance
De la première fois où le temps meurtrier
Par ce qu'il a repris rend bien lourde une absence

C'est une humeur nouvelle aussi près des décors
Qui reviennent en force et remuent la mémoire
Tous ces Noëls d'avant ces intimes trésors
Que l'on n'oubliera pas enchantant notre histoire

La table est ainsi faite ornée à chaque hiver
Les vœux les airs joyeux doivent faire assemblée
Car tout autour de soi le vide est recouvert
Du silence requis la date est trop ciblée

Alors on fait semblant de répondre aux désirs
Des milieux ambiants pour ne pas compromettre
La popularité des instants de plaisirs
Inscrits sur l'almanach qui devient là le maître

Peut-être un rituel qui pare malgré tout
L'amour de ses couleurs car juste avec les proches
Il n'est de comédie et c'est comme un atout
Qu'habiter cet après sans jouer les fantoches

Un cycle inopportun mais nécessaire aussi
Car il reconstitue un écho pêle-mêle
Cimentant le repère et l'honorant ainsi
D'un jamais oublié que le jour ressemèle

.../...

Tant pis cette fois-là si le sol tremble un peu
La brèche est trop fragile et le passé sincère
Sur tant de souvenirs on fait ce que l'on peut
L'indulgence toujours quand le tourment lacère

L'immuable retour sur le calendrier
Des fêtes et saisons impose l'échéance
De la première fois dans un temps cendrier
On tisonne la braise où va l'évanescence…

Noël 2018

__Reconnaissance…__

Parce que j'étais nue
Lorsque je suis sortie
Du ventre de ma mère
Et par l'habit offert
Une voix familière
S'est doucement blottie
Me disant « bienvenue »

Parce qu'en continu
Ce lien ressenti
A réchauffé ma chair
Par l'amour qui libère
La clémence de l'air
Un espace investi
D'idéel reconnu

Et parce que tenue
D'une main consentie
J'ai deviné mon père
De par son regard clair
J'ai deviné ma mère
Sa douceur pressentie
Et je suis devenue…

« Honore ton père et ta mère » Exode 20,12

TABLE DES MATIERES

200 000 mots dans la langue française…	9
Si l'on savait…	10
Accident de la vie…	11
« 6ème sens »* …	13
Toutes ces dernières fois…	15
« Tout est UN… »	17
Inappétence…	18
Dans le creux de l'essence vitale...	19
Solitude…	21
Assentiment…	22
Reconstruire autour du vide…	23
Un accident…	24
Faire un pas à la fois…	25
Toucher jusqu'aux blessures….	27
Etonnant garde-corps…	29
Pour se reconstruire…	30
Ressources insoupçonnées…	31
Dans l'avant-goût du vacarme…	32
Dernier acte de l'être…	33
Je retiendrai mon souffle…	35
A chaque paroi son versant…	36
Si la pensée imagine la vie…	37
De ce qui a existé…	39

Juste le temps d'une saison…	40
Tristes zombies…	41
Indian Summer…	43
Brèche ouverte….	44
Est-ce un délit de fuite….	45
Aller vers le silence…	47
Derrière la porte…	48
Apprivoiser l'image…	49
Encore un peu de temps…	51
Vers quel amour s'abandonner…	52
De la même manière…	53
L'intime vérité…	54
Concerto pour une étoile…	55
Si près de la tendresse…	56
L'être par l'attribut…	57
Dans les racines de demain…	58
Espérer vivre…	59
La conscience…	60
Coupables d'oublier ?…	61
Comme il se présentera….	63
Quand aimer ne suffit plus...	64
Demain n'en rien savoir…	65
La peur de l'abandon…	66

Quatre fois vingt ans	67
Dernier été…	68
Impuissance…	69
Apaiser les vivants …	70
Non moins lumineuse…	71
Aimer l'avoir tressée…	72
Quand le tourment fait rage…	73
« La vie est un passage »…	77
Ton absence…	78
C'est un corps qui s'en va…	79
L'écho De Profundis…	81
Mourir en paix…	82
Déchronologie…	83
Reconnaissance…	85